I0866916

Descubrimiento del espacio profundo

PLUTÓN Y OTROS PLANETAS ENANOS

GAIL TERP

BLACK RABBIT BOOKS

Bolt es una publicación de Black Rabbit Books
Apartado Box 3263, Mankato, Minnesota, 56002.
www.blackrabbitbooks.com

Marysa Storm, editora; Grant Gould, diseñador;
Omay Ayres, investigación fotográfica

Información del catálogo de publicaciones de la biblioteca del congreso
ISBN 978-1-68072-971-9

Impreso en China. 3/18

Créditos de Imágenes

Alamy: Irina Dmitrienko, Cubierta (Plutón); dawn.jpl.nasa.gov: JPL/NASA, 26–27; fr.wikipedia.org: NASA, 18 (Haumea); hdwallsbox.com: skydiverlab.com, 8–9; nasa.gov: NASA, 14–15, 28–29 (Nuevos Horizontes); Science Source: Detlev van Ravenswaay, 18 (fondo); John R. Foster, 12 (fondo); Mark Garlick, 17; Mikkel Juul Jensen, 10–11; Spencer Sutton, 20 (planetas enanos), 22–23; Shutterstock: Aphelleon, 23; Azuzl, 20 (inferior I planetas enanos); HelenField, 1, 24; jaroslava V, 32; John T Takai, 7; Jurik Peter, 6 (inferior); mozzyb, 3; Natykach Nataliia, 31; notbad, 12 (pesos); Oleksandrum, 6 (superior); smartdesign91, 18 (flechas); Vadim Sadovski, 4–5, 28–29 (espacio); Yuriy Mazur, 20 (inferior I fondo); solarsystem.nasa.gov/: NASA, Cubierta (Nuevos Horizontes)

CONTENIDO

CAPÍTULO 1

PLUTÓN

En 1929, un joven comenzó a trabajar para un **observatorio**. Su nombre era Clyde Tombaugh. Su trabajo era encontrar un nuevo planeta. Estudió imágenes del cielo nocturno durante un año. Luego, en 1930, hizo un gran descubrimiento. Encontró una pequeña mancha que se movía por el cielo como un planeta. Descubrió lo que ahora llamamos Plutón.

Las tres reglas para los planetas

REGLA UNO
Debe orbitar una estrella.

REGLA DOS
Debe ser principalmente redondo.

REGLA TRES
Su camino debe estar libre de objetos más pequeños.

Definición de planetas

Durante 76 años, las personas llamaron planeta a Plutón. Luego, en 2006, esto cambió. Los científicos encontraron otros cuerpos en el espacio similares a Plutón. Algunos de ellos eran incluso más grandes que Plutón. Los científicos no creían que todos debían ser planetas. Así que hicieron crearon tres reglas para definir a los planetas. Los objetos que solo siguen las primeras dos reglas, como Plutón, serían planetas enanos.

Su lugar en el espacio

El Sol es el centro del sistema solar de la Tierra. Ocho planetas y muchos planetas enanos dan vueltas a su alrededor. La **gravedad** del Sol los mantiene a todos en su órbita.

Los planetas enanos se encuentran en Kuiper y en los cinturones de asteroides principales. El Cinturón de Kuiper se encuentra más allá de Neptuno. El cinturón principal de asteroides está entre Marte y Júpiter.

El Cinturón de Kuiper es una banda de cuerpos helados y **cometas.** Miles de asteroides forman el cinturón principal de asteroides.

LOS PLANETAS ENANOS Y EL SISTEMA SOLAR

Cinturón de Kuiper
Neptuno
Saturno
Urano
Júpiter
Makemake
Eris
Plutón
Haumea

75 libras
(34 kilogramos)
en
TIERRA

=

aproximadamente
5 libras
(2 kilogramos)
en
PLUTÓN

La gravedad de Plutón es bastante baja. Las cosas pesan menos en Plutón que en la Tierra.

CAPÍTULO 2

Una MIRADA más de cerca a Plutón

Plutón es el planeta enano más conocido. El planeta enano se encuentra en el Cinturón de Kuiper. En su punto más alejado, Plutón está a 4.67 billones de millas (7.5 billones de kilómetros) de la Tierra.

Plutón está cubierto de gas congelado. También tiene **cráteres** y montañas. Cinco lunas orbitan Plutón.

PLUTÓN Y LA TIERRA

Plutón

TEMPERATURA PROMEDIO DE LA SUPERFICIE

-387 a -369 gradosFahrenheit

(-233 a -223 grados Celsius)

DISTANCIA PROMEDIO DESDE EL SOL

3.67 billones de millas

(5.9 billones de km)

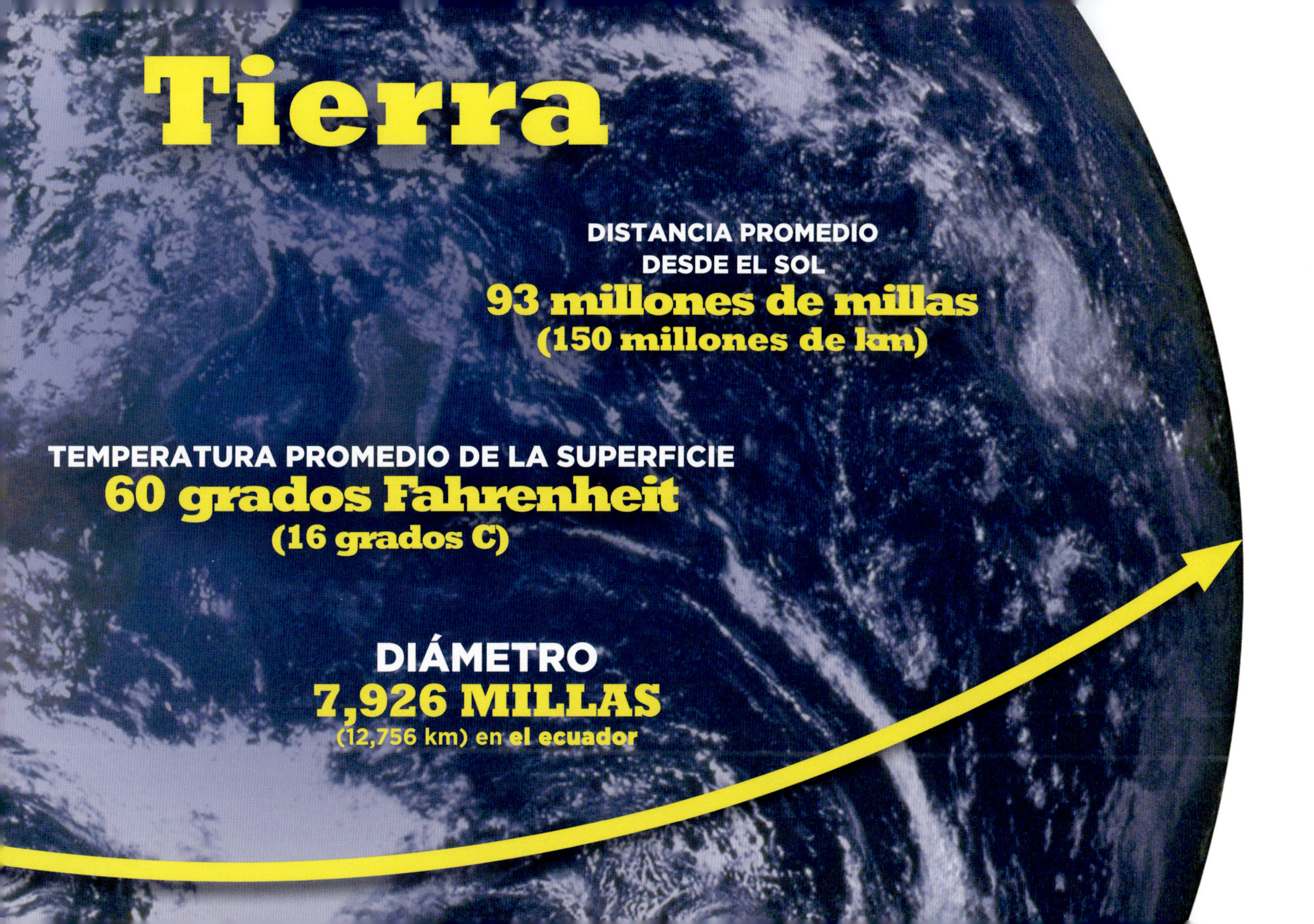

Tierra
DISTANCIA PROMEDIO DESDE EL SOL
93 millones de millas
(150 millones de km)
TEMPERATURA PROMEDIO DE LA SUPERFICIE
60 grados Fahrenheit
(16 grados C)
DIÁMETRO
7,926 MILLAS
(12,756 km) en el ecuador

CAPÍTULO 3

OTROS planetas enanos

Plutón es uno de los primeros cinco planetas enanos confirmados. Los otros cuatro son Ceres, Eris, Haumea y Makemake.

Ceres está en el cinturón de asteroides principal. Fue descubierto en 1801. Está cubierto con muchos cráteres pequeños.

Eris está en el Cinturón de Kuiper. Fue visto por primera vez en 2003. Al igual que Plutón, su superficie está cubierta de hielo. El hielo hace que se vea brillante. Una luna orbita alrededor de Eris.

Cantidad de lunas

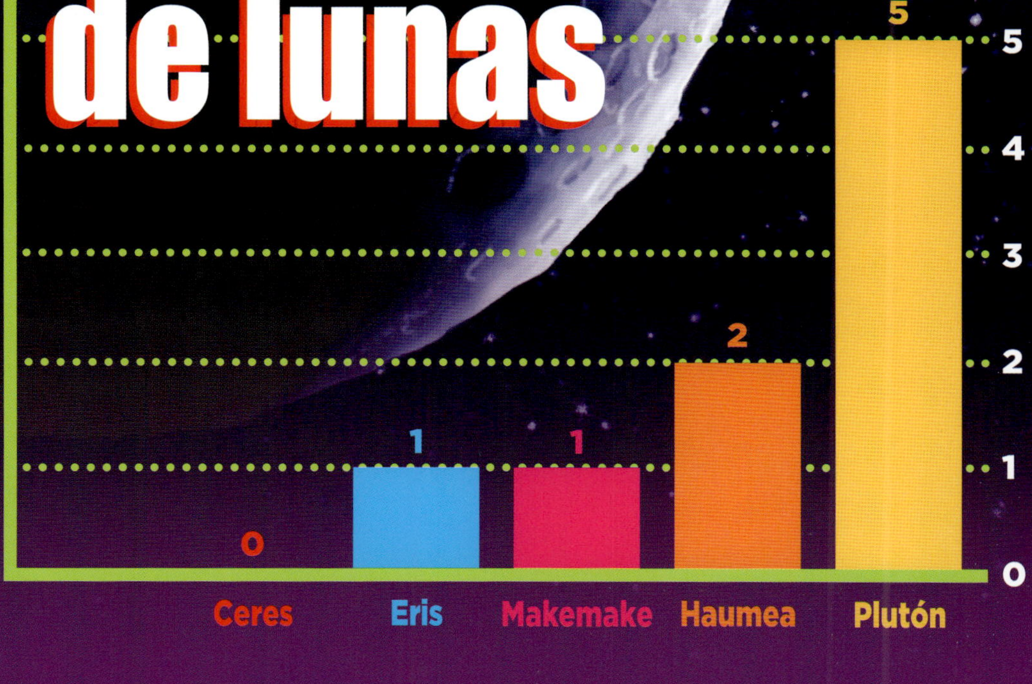

Haumea y Makemake

Haumea orbita en el Cinturón de Kuiper. No es redondo. En cambio, su forma es parecida un balón de fútbol americano. La forma de Haumea se debe a lo rápido que gira.

También Makemake está en el cinturón de Kuiper. **Los astrónomos** lo descubrieron en 2005. Gas congelado cubre su superficie. El gas puede ser la fuente del color rojizo de Makemake.

Haumea es uno de los objetos que giran más rápido en el espacio. Gira una vez cada cuatro horas. Eso significa que sus días solamente tienen cuatro horas.

COMPARACIÓN DE PLANETAS ENANOS

Diámetro

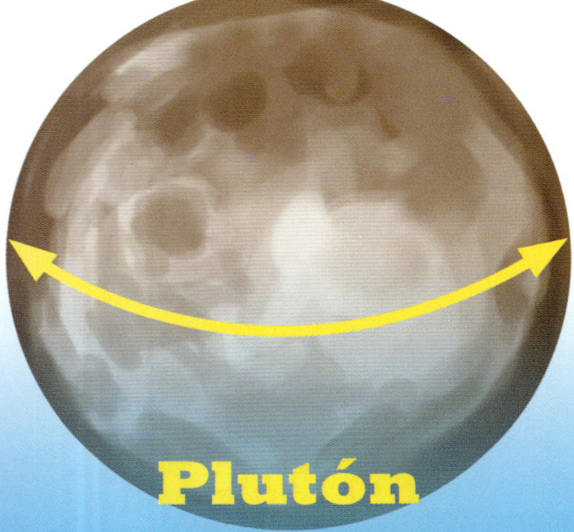

Plutón
aproximadamente
1,470 millas
(2,366 km)

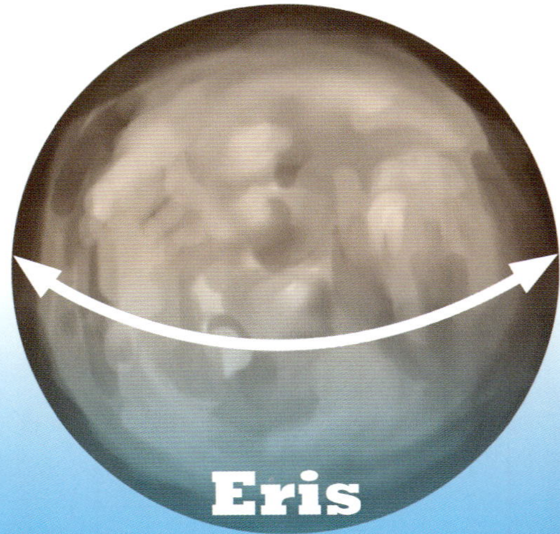

Eris
aproximadamente
1,450 millas
(2,334 km)

CUÁNTO TIEMPO TOMA ORBITAR EL SOL

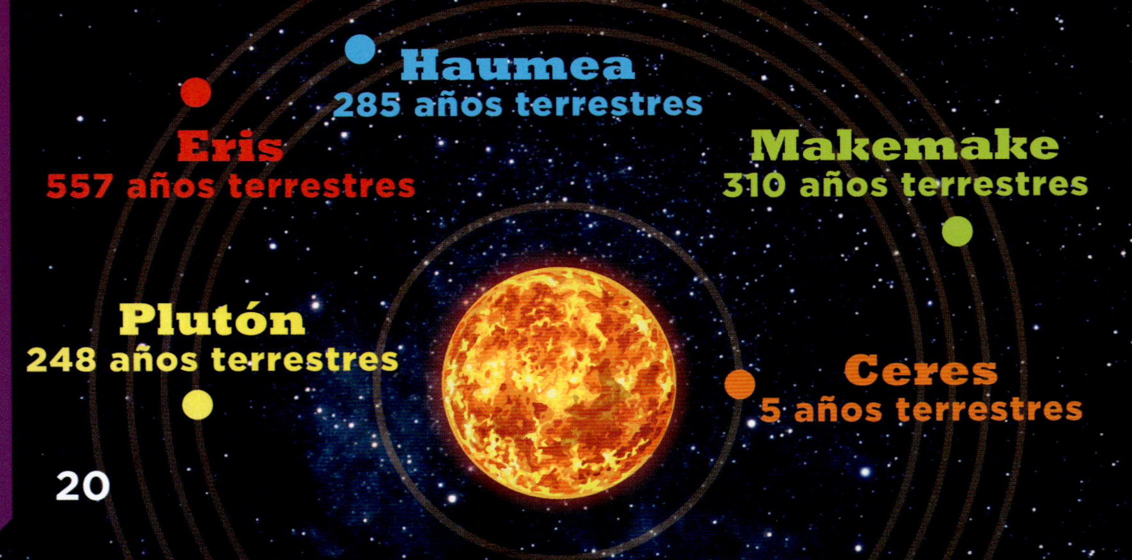

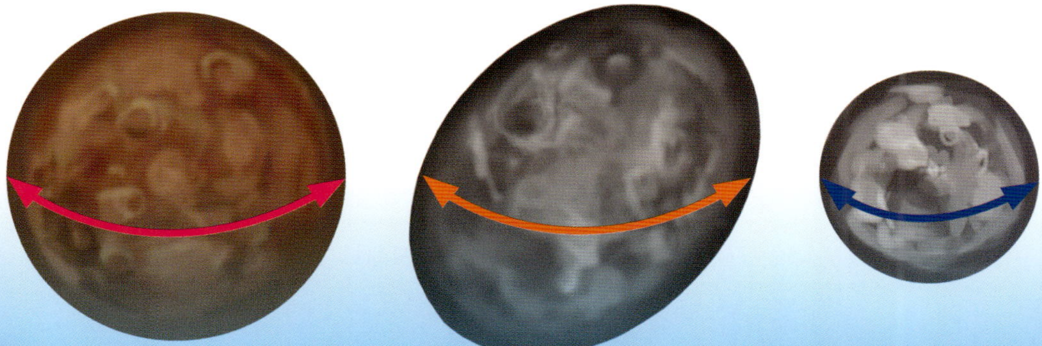

Makemake
aproximadamente
900 millas
(1,448 km)

Haumea
hasta
1,218 millas
(1,960 km)

Ceres
hasta
605 millas
(974 km)

Duración del día

CAPÍTULO 4

EXPLORACIÓN de planetas enanos

En 2006, una **sonda** llamada *Nuevos Horizontes* partió de la Tierra. Su misión era estudiar a Plutón. En 2015, finalmente llegó al planeta enano. Desde el espacio, estudió la superficie de Plutón. Recogió datos cerca de sus lunas.

Descubrimiento de Plutón

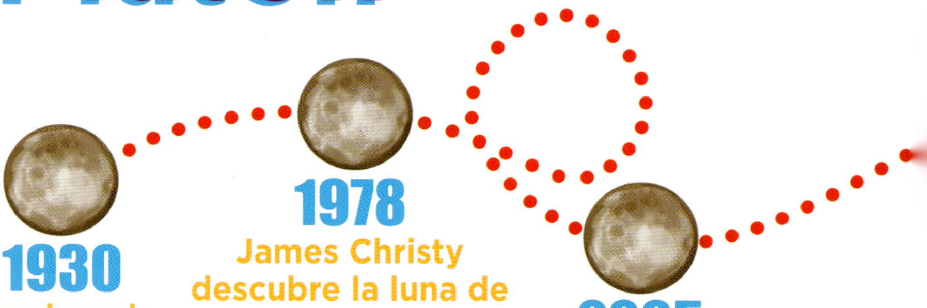

1930
Tombaugh descubre a Plutón.

1978
James Christy descubre la luna de Plutón, Caronte.

2005
Los científicos encuentran las lunas Nix e Hydra.

2006
Plutón se convierte en un planeta enano. La NASA lanza *Nuevos Horizontes*.

2011
Mark Showalter descubre la luna Kerberos.

2012
Showalter encuentra la luna Styx.

2015
Nuevos Horizontes llega a Plutón.

Más para explorar

El trabajo de *Nuevos Horizontes* no está terminado. Se quedará en el Cinturón de Kuiper. En 2019, debe llegar a un cuerpo helado mucho más allá de Plutón. *Nuevos Horizontes* estudiará el **antiguo** objeto. Los científicos utilizarán los datos para aprender más sobre el sistema solar.

Algunos científicos creen que quizás haya más de 100 planetas enanos.

Explorando otros planetas enanos

Plutón no es el único planeta enano que las naves espaciales han visitado. La nave espacial *Alborada* actualmente estudia a Ceres. *Alborada* toma fotos del planeta enano. También busca hielo de agua debajo de la superficie de Ceres.

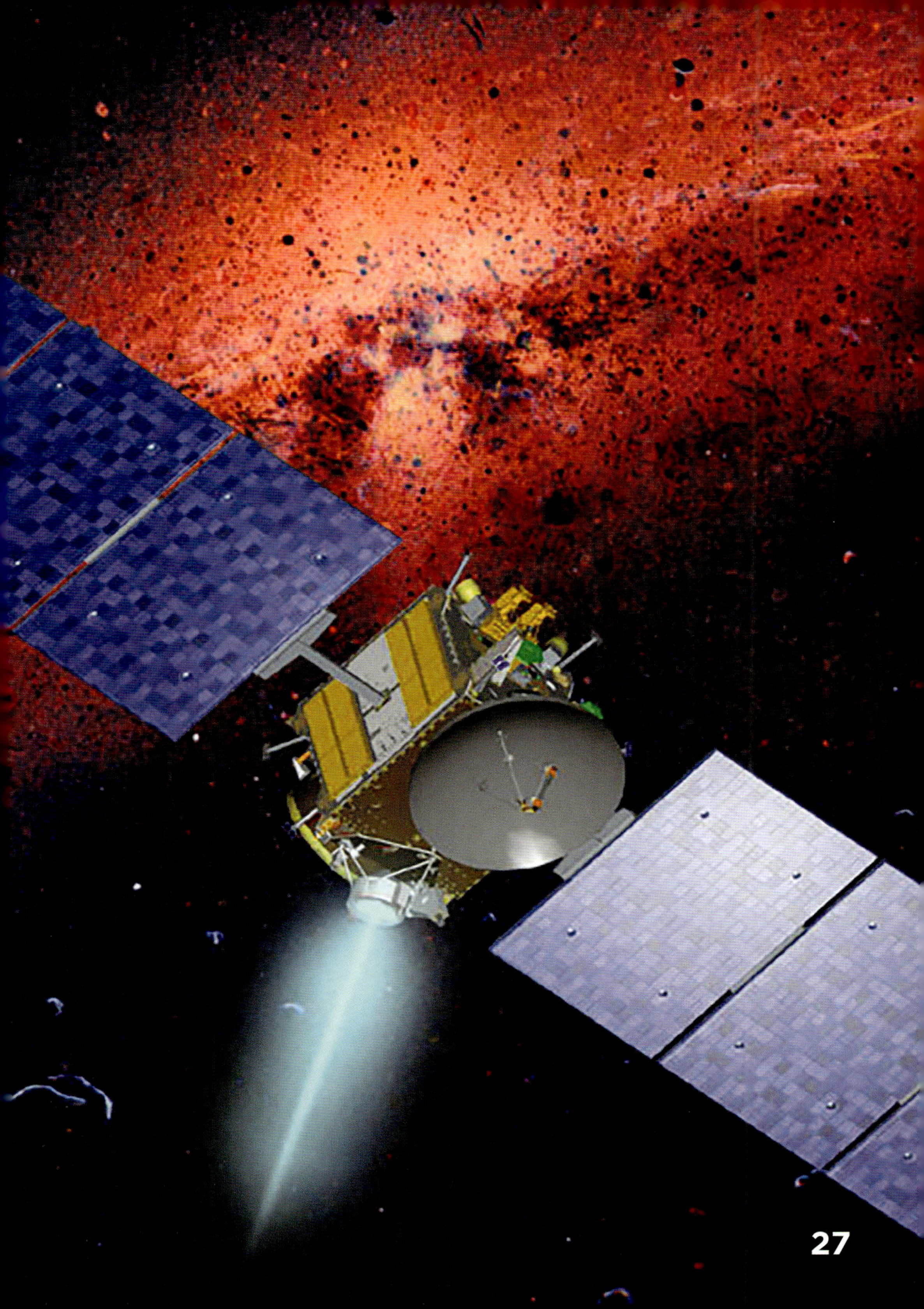

Espacio espectacular

Los científicos han aprendido mucho sobre los planetas enanos a lo largo de los años. Pero hay mucho más por aprender.

Estudiar a los planetas enanos puede ayudar a los científicos a aprender más sobre el sistema solar. La investigación brinda información a las personas acerca de su historia y de su lugar en ella.

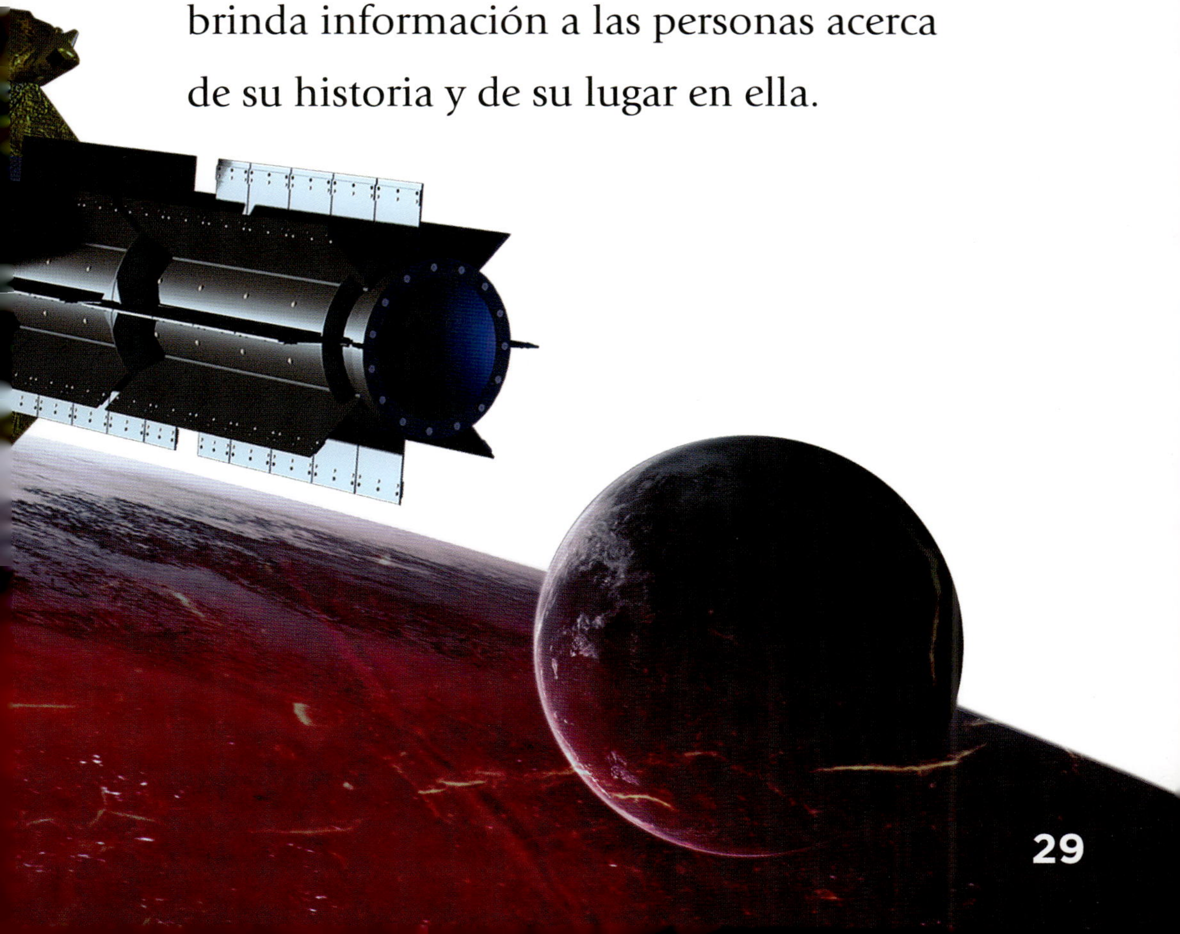

antiguo – desde hace mucho tiempo

astrónomo – un experto en la ciencia de los cuerpos celestes y sus tamaños, movimientos y composición

cometa – una roca helada en el espacio exterior que desarrolla una cola larga y brillante cuando pasa cerca del Sol

cráter – un agujero formado por un impacto

ecuador – un círculo imaginario alrededor de la Tierra que está a la misma distancia del Polo Norte y del Polo Sur

gravedad – la fuerza natural que atrae objetos físicos entre sí

observatorio – un edificio especial para estudiar las estrellas, los planetas y el clima

órbita — la trayectoria de un cuerpo que gira alrededor de otro cuerpo

sonda – un dispositivo utilizado para recoger información del espacio exterior y enviarla a la Tierra

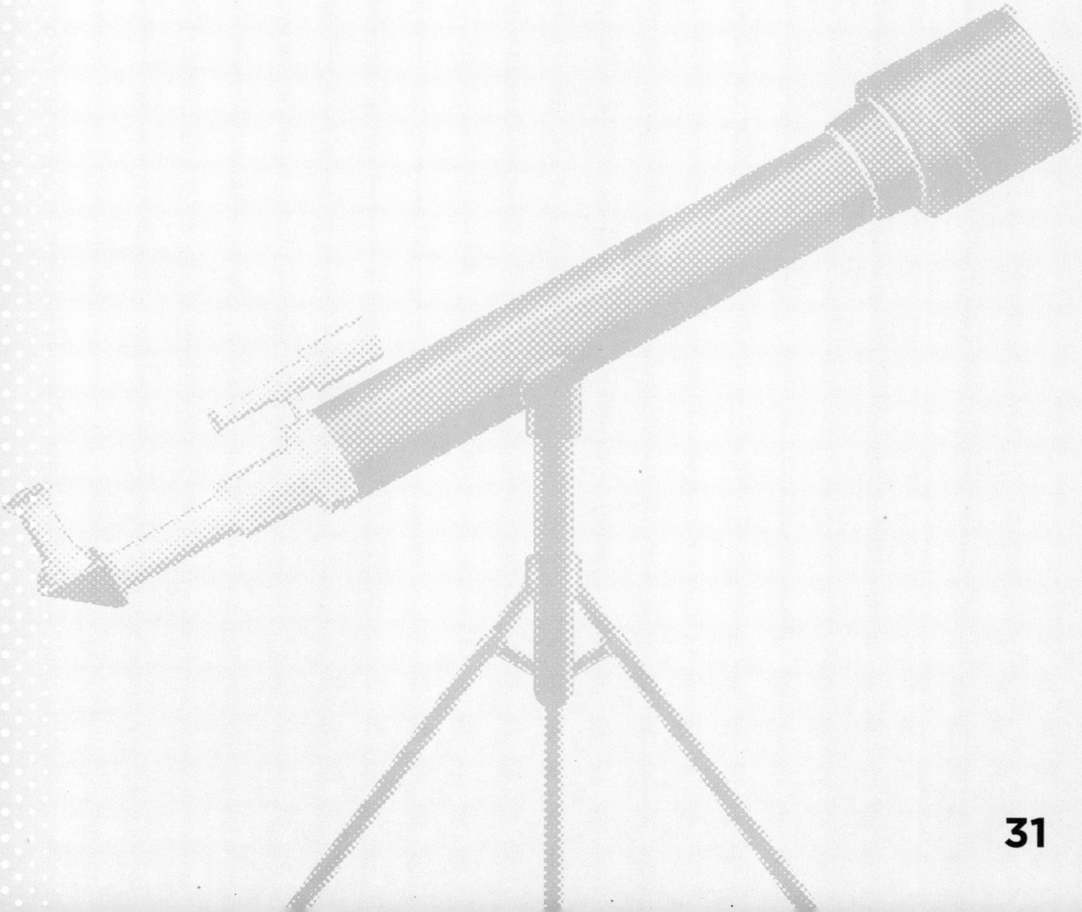

ÍNDICE